小跳豆 幼兒自理故事系列
Jumping Bean

我會自己做功課

U0111535

新雅文化事業有限公司
www.sunya.com.hk

小跳豆
幼兒自理故事系列

跟着跳跳豆和糖糖豆一起學習照顧自己！

自理能力，是指憑自己的能力來獨立完成事情。在孩子學習自理的過程中，不單是訓練他們的日常生活技能，也是培養他們的責任感和自信心。因此，家長要懂得適時放手，相信孩子的能力，而且要把握關鍵的時機，在 2 至 3 歲開始教導孩子基本的自理能力，讓他們不再依賴。

《小跳豆幼兒自理故事系列》共 6 冊，由跳跳豆和糖糖豆透過貼近生活的圖畫故事，帶領孩子一起學習自己進食、刷牙、上廁所、收拾玩具，並養成良好的作息和主動做功課的習慣，提高孩子對各種自理能力的認識及實踐的動機。

書後設有「親子小遊戲」，以有趣的形式培養和鞏固孩子的自理能力。「自理小貼士」提供一些實用性建議予家長，有效幫助孩子養成良好習慣。

在孩子學習自理的過程中，難免會遇到困難，家長可以耐心地鼓勵他們嘗試自己解決，讓他們有進步的空間，在面對困難和挫折中學會成長。

讓親子閱讀更有趣！

　　本系列屬「新雅點讀樂園」產品之一，若配備新雅點讀筆，爸媽和孩子可以使用全書的點讀和錄音功能，聆聽粵語朗讀故事、粵語講故事和普通話朗讀故事，亦能點選圖中的角色，聆聽對白，生動地演繹出每個故事，讓孩子隨着聲音，進入豐富多彩的故事世界，而且更可錄下爸媽和孩子的聲音來說故事，增添親子閱讀的趣味！

　　「新雅點讀樂園」產品包括語文學習類、親子故事和知識類等圖書，種類豐富，旨在透過聲音和互動功能帶動孩子學習，提升他們的學習動機與趣味！

想了解更多新雅的點讀產品，請瀏覽新雅網頁(www.sunya.com.hk)或掃描右邊的QR code進入 　新雅・點讀樂園　。

如何使用新雅點讀筆閱讀故事？

1. 下載本故事系列的點讀筆檔案

1 瀏覽新雅網頁(www.sunya.com.hk) 或掃描右邊的QR code 進入 新雅•點讀樂園 。

2 點選 下載點讀筆檔案 ▶ 。

3 依照下載區的步驟說明，點選及下載《小跳豆幼兒自理故事系列》的點讀筆檔案至電腦，並複製至新雅點讀筆的「BOOKS」資料夾內。

2. 啟動點讀功能

開啟點讀筆後，請點選封面右上角的 新雅•點讀樂園 圖示，然後便可翻開書本，點選書本上的故事文字或圖畫，點讀筆便會播放相應的內容。

3. 選擇語言

如想切換播放語言，請點選內頁右上角的 粵☆普 圖示，當再次點選內頁時，點讀筆便會使用所選的語言播放點選的內容。

4.播放整個故事

如想播放整個故事，請直接點選以下圖示：

5.製作獨一無二的點讀故事書

爸媽和孩子可以各自點選以下圖示，錄下自己的聲音來說故事！

① 先點選圖示上 爸媽錄音 或 孩子錄音 的位置，再點 OK，便可錄音。

② 完成錄音後，請再次點選 OK，停止錄音。

③ 最後點選 ▶ 的位置，便可播放錄音了！

④ 如想再次錄音，請重複以上步驟。注意每次只保留最後一次的錄音。

跳跳豆和糖糖豆
都很喜歡學習。
跳跳豆最愛數學。
糖糖豆最愛語文。

一天放學回家後，
跳跳豆從書包裏拿出
一本生字簿，
對媽媽説：「媽媽，
我們要學寫字了。」
糖糖豆也説：
「我最喜歡寫字！」

跳跳豆和糖糖豆

坐在自己的小書桌前寫生字。

開始時，他們都非常地專注。

不久，跳跳豆發覺要在方格內
把字寫得整整齊齊，
一點也不容易。
他寫了又擦，擦了又寫，
感覺雙手有點累了，
但還是寫得不好。

不一會，糖糖豆寫好生字了。
媽媽說：「糖糖豆做得好，
現在可以玩玩具了！」

跳跳豆開始沒耐性了，
他拋下手上的鉛筆，
想要跟妹妹一起玩。
媽媽說：「跳跳豆，
你要寫完生字，
才可以玩耍啊！」

接下來跳跳豆做功課的時候，
總是寫了幾個字後就想跑開了，
要媽媽多次提醒他才坐下來寫。
有時候，他又說寫字太難，
要媽媽陪着他才肯寫。

於是，媽媽拿出一個小沙漏說：
「跳跳豆，來跟這些沙子比賽吧！
看看你寫字快還是沙子跑得快，
好嗎？」
「好呀！」跳跳豆高興地回答。

媽媽發現沙漏流完一回的時間內，
跳跳豆可以寫完兩頁生字。
媽媽稱讚跳跳豆，
說他真厲害呢！

就這樣，在不知不覺間，
跳跳豆把所有功課完成了！
他還發現比平常多了時間
玩耍呢！

從那天起，
跳跳豆覺得做功課很有趣，
他每次都跟小沙漏比賽，
所以就越做越起勁了。

漸漸地，跳跳豆已養成了
主動完成功課的好習慣，
而且他更愛上了寫字呢！

跳跳豆要做功課了，小朋友，你能幫他找出做功課時需要的物品嗎？ □ 內加✓。

A.

B.

C.

D.

E.

答案：A、C、E

自理小貼士

別讓孩子拖拖拉拉做功課！

🫘 與孩子一同訂立做功課的時間表，讓孩子明白要先完成功課，然後才可以玩遊戲或看電視，因為做功課是學生的責任。

🫘 為孩子提供一個寧靜、光線充足和不受引誘的環境，讓孩子可以專心做功課。

🫘 幫助孩子建立良好的做功課習慣，例如：做功課前先把需要使用的文具準備好，並鼓勵孩子持久地實行。

🫘 孩子做功課的時間不宜太長，如功課太多，可以讓孩子分段做。例如：當孩子在15分鐘內完成一種功課後，便可以安排他小休3分鐘。

🫘 若孩子能在所設定的時間前完成功課，就把餘下的時間記錄下來作為「獎勵時間」，並讓孩子決定如何使用「獎勵時間」，例如：做孩子自己喜歡做的事情。

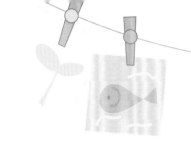

小跳豆幼兒自理故事系列
我會自己做功課

原著：楊幼欣
改編：新雅編輯室
繪圖：郝敏棋
責任編輯：趙慧雅
美術設計：陳雅琳
出版：新雅文化事業有限公司
香港英皇道499號北角工業大廈18樓
電話：(852) 2138 7998
傳真：(852) 2597 4003
網址：http://www.sunya.com.hk
電郵：marketing@sunya.com.hk
發行：香港聯合書刊物流有限公司
香港荃灣德士古道220-248號荃灣工業中心16樓
電話：(852) 2150 2100
傳真：(852) 2407 3062
電郵：info@suplogistics.com.hk
印刷：中華商務彩色印刷有限公司
香港新界大埔汀麗路36號
版次：二〇二一年三月初版
二〇二三年六月第三次印刷

ISBN: 978-962-08-7654-7
© 2021 Sun Ya Publications (HK) Ltd.
18/F, North Point Industrial Building, 499 King's Road, Hong Kong
Published in Hong Kong SAR, China
Printed in China